Inhalt

Weltwasserforum in Istanbul - Sauberes Trinkwasser auch weiterhin kein Menschenrecht

Kernthesen

Beitrag

Fallbeispiele

Zahlen und Fakten

Weiterführende Literatur

Impressum

Weltwasserforum in Istanbul - Sauberes Trinkwasser auch weiterhin kein Menschenrecht

Autor GENIOS BranchenWissen: A.Schneider

Kernthesen

- Mitte März fand in Istanbul das Weltwasserforum statt, auf dem alle drei Jahre über die globale Versorgung der Menschen mit sauberem Trinkwasser und Sanitäreinrichtungen beraten wird.
- Lösungsansätze, um die drohende Wasserkrise abzuwenden, gibt es viele: Mehr private Investitionen, mehr Staudämme, Ausbau der

Meerwasserentsalzung, Aufbau und Modernisierung der Wasserinfrastruktur und vor allem ein sparsamerer Umgang mit Wasser.
- Insbesondere der Meerwasserentsalzung wird ein großes Potenzial zugebilligt. Sie könnte künftig vor allem im Nahen und Mittleren Osten eine größere Rolle spielen.

Beitrag

Auf dem Weltwasserforum in Istanbul einigte sich die Weltgemeinschaft wieder nicht darauf, sauberes Wasser als Grundrecht des Menschen zu definieren.

Weltwasserforum in Istanbul: Sauberes Trinkwasser kein Menschenrecht

Seit 1992 ist der 22. März der Tag des Wassers. Seither trifft sich die Weltgemeinschaft alle drei Jahre, um über die globale Versorgung der Menschheit mit Wasser zu beraten und Lösungsansätze für die bestehenden Konflikte und Verteilungsprobleme zu finden. Die Vereinten Nationen (UN) haben es sich zum Ziel gesetzt, die Zahl der Menschen, die keinen

Zugang zu sauberem Trinkwasser und Sanitäreinrichtungen haben, bis 2015 zu halbieren.

Mitte März trafen sich über 20 000 Politiker, Wasserfachleute und Aktivisten aus mehr als hundert Ländern in Istanbul. Diskutiert und präsentiert wurde vieles, doch Umweltschützern gehen die konkreten Lösungsansätze nicht weit genug. Auf Missfallen stieß auch die Tatsache, dass die Abschlusserklärung darauf verzichtete, sauberes Trinkwasser als Menschenrecht zu definieren. Frankreich, Spanien sowie mehrere Länder aus Afrika und Lateinamerika hatten sich dafür eingesetzt, Wasser nicht nur als menschliches Grundbedürfnis, sondern als menschliches Recht zu bezeichnen. (1)

Handlungsbedarf besteht ohne Zweifel. Das machte der zu Beginn der Veranstaltung von der UNO vorgestellte dritte Bericht zur Situation des Süßwassers klar. Schon jetzt haben mehr als eine Milliarde Menschen kein sauberes Trinkwasser. Im Jahr 2075 könnten drei bis sieben Milliarden Menschen in Gebieten mit chronischem Wassermangel leben. Das derzeitige Bevölkerungswachstum (die UNO geht von 9,5 Milliarden bis 2050 aus) würde vor allem in den weniger entwickelten Ländern dazu führen, dass der Zugang zum wichtigsten Gut für das menschliche Leben immer schwieriger wird. (2)

Es ist keineswegs so, dass sich in den zurückliegenden Jahren nichts verbessert hat. Bei der Versorgung mit sauberem Wasser hat sich einiges getan, dies zeigen Beispiele in Kenia und Sambia: In Kenia gelang es, wie in Südafrika das Menschenrecht auf Wasser in ein Gesetz zu gießen. In Kenia ist garantiert, dass die Wasserversorgung Aufgabe des Staates ist. In Sambia wiederum wurden im Umfeld der Städte für je 300 bis 400 Haushalte Wasserkioske eröffnet, in denen sauberes Wasser zu erschwinglichen Preisen verkauft wird. Eine halbe Million Menschen sind jetzt nicht mehr auf fliegende Händler angewiesen, die Flüssigkeiten unbekannter Herkunft zu hohen Preisen verhökerten. (3)

Wasserkrise droht: Zahlreiche Lösungsansätze

Lösungsansätze, um die drohende Wasserkrise abzuwenden, gibt es viele. So wird beispielsweise immer wieder darüber diskutiert, mehr private Investitionen zu tätigen, Wasser zu stauen oder umzuleiten und die Meerwasserentsalzung voranzutreiben. Die Wasserinfrastruktur muss in Entwicklungs- und Schwellenländern aufgebaut und in den westlichen Industriestaaten modernisiert werden. Doch das A und O wird sein, mit dem kostbaren Gut Wasser sparsamer umzugehen, vor allem in der Landwirtschaft.

Mehr private Investitionen

Soll Wasser weiterhin ein öffentliches Gut sein oder stärker ein privates Gut werden? Die Meinungen hinsichtlich eines zunehmenden Engagements privater Anbieter in der globalen Wasserversorgung gehen auseinander: Die privaten Unternehmen arbeiten zwar effizienter als die öffentliche Hand, also in der Regel die Kommunen. Aber dennoch werden von den Privaten während der Laufzeit ihrer Konzessionen nicht genügend Investitionen getätigt. Dasselbe gilt bei den öffentlichen Versorgern. Und gerade in konjunkturschwachen Zeiten ist die Finanzierung von Wasserprojekten oft problematisch. In den Entwicklungsländern, in denen der Zugang zu sauberem Wasser für die ärmere Bevölkerung besonders dringend erforderlich ist, profitieren überproportional die Reichen von den staatlichen Wassersubventionen. (4)
Da weiß die einfache Lösung zu gefallen, die die französische Ingenieurin Florence Cassassuce für Menschen in akuter Wassernot entwickelt hat: Ein 15 l-Wassereimer mit einem elektrisch betriebenen UV-Modul. Binnen vier Minuten tötet das Licht alle

Viren, Keime und Bakterien ab. (5)

Mehr Staudämme

Manche Staaten sehen im Bau von Staudämmen ihr Glück. So beispielsweise die Türkei. Sie will im Tal des Tigris den Ilisu-Staudamm bauen und damit Süßwasser auf ihrem Gebiet zurückhalten. 65 Kilometer vor der syrischen Grenze soll der Tigris in einem kurdischen Gebiet auf einer Länge von 135 Kilometern gestaut werden. Das türkische Projekt ist umstritten. 55 000 Menschen müssten zwangsumgesiedelt werden, bedeutende Kulturgüter aus 9 000 Jahren würden überspült. Generell stoßen derartige Großprojekte auf Kritik, weil sie in die Natur eingreifen, wichtige Siedlungsgebiete überfluten und den Anrainern großer Flüsse über Staatsgrenzen hinweg das Wasser abgraben können. Und nicht immer sichern sie eine perfekte Versorgung. So drohen etwa in Los Angeles die Lichter auszugehen. Der Colorado-Fluss führt zu wenig Wasser. Die Folge: Der Hoover- Staudamm am Lake Mead kann nicht mehr genug Strom produzieren.

Manche Experten wollen nicht nur aufstauen, sondern schlagen angesichts der ungleichen

Wasserverteilung sogar vor, ganze Flüsse umzuleiten. In Kanada und Russland gibt es genug Wasser, gigantische Wasserleitungen gen Süden wären des Rätsels Lösung (wenngleich politisch derzeit aussichtslos). Auch Spanien wollte schon Wasser vom Norden in den Süden leiten. In Kalifornien wollte die World Water SA kleine quellreine Flüsse an ihren Pazifikmündungen anzapfen und das kostbare Nass durch Keramikfilter in riesige Säcke pumpen, um es über den Ozean in die großen Städte des ausgedorrten Südens zu schleppen. Doch umweltpolitische Bedenken stehen diesen Mammutprojekten bisher entgegen. (5)

Noch abstruser erscheint die Idee des deutschen Ingenieurs Dietrich Sobinger, Eisberge zu verschleppen. Er schlug vor, kleine Eisberge mit Hilfe von Helikoptern und Tauchern in Kunststoffsäcke zu verpacken, eindringendes Salzwasser abzupumpen und die Säcke dann mit der Meeresströmung Richtung Festland treiben zu lassen. Dort sollen Schlepper sie in Empfang nehmen. Weil ihm das Forschungsministerium nach anfänglicher Förderung die Mittel kappte, suchte Sobinger zuletzt neue Partner in Südafrika. (5)

Mehr

Meerwasserentsalzungsanlagen

Meerwasser zu entsalzen, ist eine uralte Idee. Denn 97,5 Prozent allen Wassers befinden sich in Meeren und salzhaltigen Grundwasserspeichern. Technisch machbar ist sie schon lange. Es gibt verschiedene Verfahren. So ist die Methode der thermischen Entsalzung vor allem in den Golfstaaten beliebt. In Europa, Asien und Amerika setzt man eher auf die Umkehrosmose. Im März ging die bislang weltgrößte Anlage im Reverse-Osmose-Verfahren in Algier in Betrieb, errichtet von General Electric für 250 Millionen Dollar. Täglich liefert sie bis zu 200 Millionen Liter Trinkwasser für die zwei Millionen Einwohner der Hauptstadt. Das Wüstenemirat Abu Dhabi am Persischen Golf baut derzeit eine mehr als doppelt so große Anlage. Sie soll täglich 560 Millionen Liter Meerwasser für die 1,5 Millionen Einwohner entsalzen und im Jahr 2010 den Betrieb aufnehmen. (6)
Eine weniger bekannte Entsalzungstechnik setzt auf elektrische Felder statt auf Hitze oder Druck. Sie wird bisher vor allem angewendet, um Brackwasser zu entsalzen und hochreines Wasser für die Industrie herzustellen. Für die Trinkwassergewinnung aus Meerwasser gilt die Technik gemeinhin als zu wenig effizient. An weiteren Verfahren wird rege geforscht z.B. an der Forward Osmosis -, jede Verbesserung der Technologie ist willkommen. (7)

Denn die Kosten und der Energieaufwand der Meerwasserentsalzung sind nach wie vor recht hoch, auch wenn sie schon gesunken sind. Das Entsalzen von 1 000 Litern Meerwasser kostet zwischen 60 und 80 Cent. Dennoch wird sie viel zu wenig eingesetzt. Laut Uno wurden im Jahr 2004 etwa 14 Milliarden Kubikmeter pro Jahr durch Entsalzung gewonnen. Das sind weniger als ein Drittel des Bodensees oder 0,4 Prozent des weltweit benötigten Süßwassers.

Das Potenzial gilt als enorm. Der Branche wird rasantes Wachstum in Aussicht gestellt: Der Verein Deutsche Meerwasserentsalzung rechnet bis 2015 mit einem Investitionsvolumen von rund 250 Milliarden Dollar; das Marktvolumen dürfte laut der Beratungsfirma Frost & Sullivan im selben Zeitraum auf 95 Milliarden Dollar steigen. Vor allem in Nahen Osten könnte die Meerwasserentsalzung künftig in großem Stil durchgeführt werden.

Von diesem Kuchen wollen sich Hersteller wie Dow, General Electric, Suez, Siemens und IBM etwas abschneiden. Sie verstärken ihre Forschungsaktivitäten in der Wasserentsalzung und investieren kräftig. GE kaufte die nordamerikanischen Wasserbereiter Osmonics und Zenon. Siemens übernahm die US-Filter-Gruppe, einen Firmenverbund mit 5 800 Mitarbeitern, 1 900

Patenten und 900 Technologieangeboten für die Wasseraufbereitung. (6)

Bessere Wasserinfrastruktur

Düster sieht es bei der Wasserinfrastruktur aus. In vielen Entwicklungs- und Schwellenländern gibt es noch so gut wie keine funktionierende Wasserinfrastruktur. Und in den Industrieländern sind Modernisierungsmaßnahmen dringend erforderlich.
So hat beispielsweise die American Society of Civil Engineers in ihrer neusten Bestandsaufnahme aller Infrastrukturen der USA dem Bereich Trink- und Abwasser vor kurzem die schlechteste Note erteilt. Um alle maroden Teile zu ersetzen, seien jährlich mindestens elf Milliarden Dollar nötig. In London verschwinden durch löchrige Rohre 50 Prozent des Wassers in der Kanalisation. In italienischen Wasserleitungen versickern 40 bis 50 Prozent der eingespeisten Flüssigkeit durch unzählige undichte Stellen nutzlos im Boden, da das Netz nicht ausreichend gewartet wird. In Deutschland sind die Verluste mit zehn bis 20 Prozent erheblich kleiner.

Bis zum Beginn der Wirtschafts- und Finanzkrise wurden jedes Jahr auf der ganzen Welt 400 bis 500

Milliarden Dollar in Wasser und wassernahe Bereiche investiert. Zu wenig. Weltweit rechnen die Experten von Morgan Stanley bis zum Jahr 2030 mit notwendigen Investitionen im Wasserbereich von 22,6 Billionen Dollar. Andere Schätzungen gehen sogar von einem Finanzbedarf von 30 bis 40 Billionen Dollar aus. (8)

Sparsamerer Umgang mit Wasser, v.a. in der Landwirtschaft

Wasser ist einer der wichtigsten Rohstoffe. Es wird in fast allen Industriebereichen benötigt. Rund 150 000 Liter Wasser werden zum Beispiel bei der Herstellung eines Pkw verbraucht. Besonders wasserintensiv ist die Landwirtschaft. Immer größere Flächen werden zur Nahrungsmittelgewinnung bepflanzt und bewässert. 24 Prozent des europäischen Wasserverbrauchs entfallen auf die Landwirtschaft, 21 Prozent auf die öffentliche Wasserversorgung und elf Prozent auf die Industrie. Im besonders von Dürren bedrohten südlichen Europa allerdings werden 60 und teilweise sogar 80 Prozent zur Bewässerung von Feldern eingesetzt. Olivenbäume brauchen beispielsweise sehr viel Wasser. Und dabei gibt es in europäischen Regalen schon längst Olivenöl im Überfluss. Der Genuss frühreifer Erdbeeren aus

Südspanien geht zu Lasten des Wassers oftmals zudem reichlich gefördert aus den Geldtöpfen der Europäischen Union. (9)

Und noch weit verschwenderischer gehen die Wüstenstaaten des Nahen und Mittleren Ostens mit dem kostbaren und knappen Gut Wasser um. In Saudi-Arabien liegt der tägliche Wasserverbrauch pro Kopf mit rund tausend Litern sieben Mal höher als in Deutschland. 87 Prozent des Wassers fließt in die künstliche Bewässerung von Äckern und Grünland. Verschwendung pur: Für die Produktion eines Liters Milch müssen in Deutschland ein paar Hundert, in Arabien 11 000 Liter Wasser eingesetzt werden. Arabische Staaten sollten solche Lebensmittel besser importieren. (10)

Es sollte sich also ein Bewusstsein entwickeln, dass zum Erhalt unserer Lebenswelt ein sparsamer Umgang mit Wasser gehört. Notwendig sind auch effiziente Bewässerungssysteme in der Landwirtschaft. Fortschrittliche Beispiele gibt es: So entwickelt beispielsweise ein Team von Geologen, Agrartechnikern und IT-Experten einfache Steuerungen für die Bewässerung der oft kilometerlangen Furchen auf den Feldern. Dabei lernt eine Software, wie sich unterschiedliche Böden bei verschiedenen Bewässerungsmethoden verhalten. Die Ergebnisse werden genutzt, um simple

Steuerungsmodule an Wasserhähnen zu dirigieren. Große Beregnungsanlagen sind hingegen ineffizient, weil nur rund 40 Prozent des versprengten Wassers tatsächlich die Wurzeln der Pflanzen erreichen. Der Rest verweht und verdunstet. Viel wirksamer und sparsamer ist die Tröpfchenbewässerung. Hier wird Wasser durch Schläuche direkt den Wurzeln der Pflanze zugeführt. 95 Prozent kommen da an, wo sie gebraucht werden.

Fazit

Selbst wenn das fünfte Weltwasserforum in Istanbul Trinkwasser zum menschlichen Recht erklärt hätte, wäre damit noch lange nicht gesichert, dass die meist arme Bevölkerung in wasserarmen Regionen endlich ausreichend sauberes Trinkwasser zur Verfügung hat. Dazu müssen noch mehr als bisher den Worten die Taten folgen. Doch noch tut die Wasserkrise, vor der längst gewarnt wird, zu wenig weh. Da sind die Finanzkrise und die Energiekrise schon eher schmerzhaft bei den westlichen Industriestaaten angekommen.

Fallbeispiele

Die Hilfsorganisation **Arche Nova** ist in mehr als 15 Ländern mit Wasserprojekten aktiv. www.arche-nova.orgDie Schweizer Entwicklungsorganisation **Helvetas** hat am Weltwasserforum in Istanbul einen Preis für nachhaltige Wassernutzung erhalten. Ausgezeichnet wird Helvetas für ein Wasserprojekt im Norden Afghanistans. Der vom Versicherungskonzern Swiss Re verliehene Preis ist mit 150 000 Dollar dotiert, wie Helvetas mitteilte. Damit werde das «innovative und mutige Engagement von Helvetas im schwierigen afghanischen Umfeld» ausgezeichnet.Zwei große französische Konzerne beherrschen den globalen Wasser- und Abfallmarkt: **Veolia** und **Suez Environnement**. Für Suez gilt die Meerwasserentsalzung als ein absolutes Wachstumsfeld. Das Unternehmen engagiert sich sehr stark in der Golfregion, Spanien, aber auch in Australien, wo ein Pilotprojekt mit umgekehrter Osmose durchgeführt wird. (11)

Die Türkei will Wasserprivatisierung in großem Stil betreiben. Noch in diesem Jahr sollen die Nutzungsrechte für 49 Jahre an Großkonzerne verkauft werden. Dies stößt auf Widerstand. Gegen die geplante Privatisierung von Gewässern in der

Türkei haben Vertreter von Attac, BUND, Ver.di und weiteren Organisationen vor der türkischen Botschaft in Berlin protestiert. Das Land wolle unter anderem die Nutzungsrechte an den Flüssen Euphrat und Tigris verkaufen, berichtete das Bündnis "SuKo". Die geplante Übergabe von mehr als 7 000 Unterschriften, die in Deutschland gegen die Pläne gesammelt wurden, scheiterte an den verschlossenen Türen der Botschaft. (12)

Zahlen & Fakten

-Jeder Mensch sollte am Tag zwei bis drei Liter Wasser trinken. Er verbraucht zwischen 20 und 300 Liter für den Haushalt. 2 000 bis 3 000 Liter werden bei der Produktion der Nahrung verbraucht, die dieser Durchschnittserdenbürger am Tag zu sich nimmt. Und dann kauft er noch diverse Industrieprodukte, deren Herstellung große Mengen verschluckt. Insgesamt benötigt ein Mensch rund 1,7 Millionen Liter Wasser im Jahr, kalkuliert die UN.

-Zwei Schwimmbecken pro Jahr - so viel Wasser verbraucht der durchschnittliche Europäer.

-Drei Milliarden von 6,5 Milliarden Menschen haben keinen Zugang zu sauberem Wasser.

-In mehr als 30 Ländern besteht bereits heute akute Wasserknappheit. Das Problem wird durch den Klimawandel erheblich verschärft.

-2002 litten acht Prozent der Weltbevölkerung unter Wasserknappheit. 2050 werden 40 Prozent der dann erwarteten Weltbevölkerung - das sind vier Milliarden Menschen - nicht genug sauberes Wasser haben.

-Zwar gibt es auf unserem Globus 1 386 Millionen Kubikkilometer Wasser. Doch 97,4 Prozent der globalen Wasservorräte sind salzig. Vom winzigen Anteil des begehrten Süßwassers sind fast 70 Prozent in Gletschern eingeschlossen. Weitere 30 Prozent werden durch Grundwasser gestellt, aber nur 2,6 Prozent davon lagern in weniger als 100 Meter Tiefe.

-Die regionalen Preisunterschiede sind immens: Während ein Kubikmeter in Memphis im US-Bundesstaat Tennessee nur 26 Cent kostet, werden in Atlanta 2,40 Euro fällig. In München stehen 1,48 Euro auf der Wasserrechnung, in der dänischen Hauptstadt Kopenhagen 6,17 Euro. (8)

Weiterführende Literatur

(1) Wasserforum findet keine Antworten - 20000 Teilnehmer diskutieren über die Trinkwasserversorgung der Weltbevölkerung
aus Allgemeine Zeitung vom 23.03.2009

(2) UN-Studie sieht drohende Wasserkrise
aus "Der Standard" vom 23.03.2009 Seite: 4

(3) Für ein Menschenrecht auf Wasser Weltwasserforum sucht Lösungen aus der Krise / Türkei blendet Ilisu-Staudamm aus
aus Frankfurter Rundschau v. 18.03.2009, S.17, Ausgabe: S Stadt

(4) Weniger Investitionen in Wasser
aus Frankfurter Allgemeine Zeitung, 19.03.2009, Nr. 66, S. 12

(5) Kampf um Wasser spitzt sich zu
aus VDI NR. 18 VOM 02.05.2008 SEITE 4

(6) Quell der Zuversicht
aus Manager Magazin, 24.10.2008, Nr. 11, Seite 109

(7) Salz und Wasser effizienter trennen
aus Neue Zürcher Zeitung 18.03.2009, Nr. 64, S. 9

(8) O.V., Wasser. Das Glas ist halb voll / Trinkwasser ist knapp - und es wird immer knapper. Strategisch denkende Anleger legen sich Wasseraktien ins Depot, FOCUS-MONEY, 18.03.2009, Ausgabe 13, S. 046-048
aus Neue Zürcher Zeitung 18.03.2009, Nr. 64, S. 9

(9) O.V., Hoher Wasserverbrauch - Umweltagentur rüffelt die Europäer, Spiegel Online, 17.03.2009
aus Neue Zürcher Zeitung 18.03.2009, Nr. 64, S. 9

(10) Es fließt zu wenig // Die Vereinten Nationen warnen vor einer globalen Wasserkrise. Warum gibt es nicht genug Wasser für alle Menschen auf der Welt?
aus Der Tagesspiegel Nr. 20205 VOM 17.03.2009 SEITE 002

(11) "Wegen der Krise wird es mehr Public Private Partnerships geben"
aus VDI NR. 01/02 VOM 09.01.2009 SEITE 10

(12) Flüsse als Privatbesitz Gewässerprivatisierung in der TürkeiBündnis warnt vor Regierungsplänen, die viele Landwirte bedrohen
aus taz, 14.03.2009, S. 8

Impressum

Weltwasserforum in Istanbul - Sauberes Trinkwasser auch weiterhin kein Menschenrecht

Bibliografische Information der deutschen Nationalbibliothek

Die Deutsche Nationalbibliothek verzeichnet diese Publikation in der deutschen Nationalbibliografie; detaillierte bibliografische Daten sind im Internet über http://dnb.d-nb.de abrufbar.

ISBN: 978-3-7379-2365-1

© 2015 GBI-Genios Deutsche Wirtschaftsdatenbank GmbH, Freischützstraße 96, 81927 München, www.genios.de

Alle Rechte vorbehalten. Dieses Werk ist einschließlich aller seiner Teile – z.B. Texte, Tabellen und Grafiken - urheberrechtlich geschützt. Jede Verwertung außerhalb der Grenzen des Urheberrechtsgesetzes bedarf der vorherigen Zustimmung des Verlags. Dies gilt insbesondere auch für auszugsweise Nachdrucke, fotomechanische

Vervielfältigungen (Fotokopie/Mikroskopie), Übersetzungen, Auswertungen durch Datenbanken oder ähnliche Einrichtungen und die Einspeicherung und Verarbeitung in elektronischen Systemen.